PLANET ERDE
ist zu klein für die Masse Mensch

Wolfgang Stockhaus

PLANET ERDE
ist zu klein für die Masse Mensch

Kritische Betrachtungen zur
Übervölkerung des Planeten

Ein Essay

Bibliografische Information der Deutschen Nationalbibliothek:
Die Deutsche Nationalbibliothek verzeichnet diese Publikation
in der Deutschen Nationalbibliografie;
detaillierte bibliografische Daten sind im Internet über
http://dnb.d-nb.de abrufbar.

© 2009 Wolfgang Stockhaus
Satz, Umschlaggestaltung, Herstellung und Verlag:
Books on Demand GmbH, Norderstedt

ISBN: 978-3-8391-5545-5

Für Mäxchen

Erkenne die Lage
GOTTFRIED BENN

Inhalt

Vorwort

Übervölkerung, ein Alptraum, der den Lebensraum dieser unserer Erde zerstört. Deswegen geht es hier um den Erhalt der Bewohnbarkeit des Planeten und ist somit ein Appell an die globale Vernunft, nicht ohne Polemik, weil die hier benannten Fakten längst von kompetenten Wissenschaftlern erkannt , benannt und publiziert worden sind.

Nur gelesen wurden sie von viel zu wenigen.

Es kommt jetzt darauf an, diese Kenntnisse und die zu erwartenden Gefahren so weit wie möglich zu verbreiten, in der Hoffnung, daraus die dringend notwendigen Schlussfolgerungen zu ziehen und umzusetzen.

Noch ist Zeit dafür, aber die Zeit, die noch zur Verfügung steht, ist sehr begrenzt.

Im Gegensatz zu bisherigen, wissenschaftlichen Veröffentlichungen wird hier versucht, die Evolution unserer Gattung von einem völlig anderen Gesichtspunkt aus zu betrachten. Denn aus sich heraus, also allein, wie jedes Tier auf unserem Planeten, wäre dieser Homo sapiens niemals entwicklungsfähig gewesen. Ohne entscheidende Hilfsmittel, angefangen vom Faustkeil bis zum Raumschiff – keine Evolution. Die einzelnen Entwicklungsstufen waren eben stets die Folgen einer technischen Revolution.

Global verliefen diese Entwicklungsstufen unterschiedlich, aber die schneller entwickelten, die der westlichen Welt, wurden letztlich weltweit übernommen und genauso praktiziert.

Hier geht es um den Versuch zu klären, warum sich die Gattung mit dem aufrechten Gang so entwickelt hat und wie sie sich jetzt, mit sämtlichen negativen Folgen und Erwartungen, konfrontiert sieht.

Machen wir uns nichts vor, sollte sich dieser Populationskollaps ungebremst, hemmungslos fortsetzen, wäre der uns gewohnte „way of life" von gestern.

Globale Zustände heute

Und wieder geht ein Gespenst um in Europa, nicht das von Karl Marx angekündigte, das kommunistische, nein, ein schlimmeres, gefährlicheres bedroht unsere Zukunft.

DER GEBURTENRÜCKGANG.

Die Prognosen für die kommenden 50 Jahre sehen in der westlichen Welt einen Schrumpfungsprozess voraus, der zum Untergang unserer Zivilisation führen wird, vorausgesetzt, ein Gegensteuern bleibt aus. Der Mangel am Willen zur Großfamilie scheint jedenfalls unumkehrbar.

Trotzdem tauchen doch hier und da Fragen auf, ob die Entscheidung zur Klein- oder sogar auch zur Nichtfamilie und die daraus resultierenden negativen demografischen Schlussfolgerungen unwidersprochen bleiben dürfen.

Es sollte sich doch lohnen, dazu einige grundsätzliche Fragen zu stellen, angesichts der Bevölkerungsexplosion auf unserem Planeten innerhalb eines halben Jahrhunderts von 1950–2000 um vier Milliarden Erdbewohner, die schnellste Bevölkerungszunahme der Menschheitsgeschichte mit insgesamt 6,7 Milliarden Erdbewohnern 2007.

Um 1850 lag die Zahl der Erdbewohner noch bei einer Milliarde.

Auf diese erschreckende Entwicklung ist schon vielfach von berufender Seite verwiesen worden, ohne Resonanz, trotz der zu erwartenden Konsequenzen.

Wäre somit der Trend zu geringeren Geburtszahlen nicht als Beweis zu sehen für ein zivilisatorisches angepasstes Reagieren auf völlig neue Existenzbedingungen, unter dem Aspekt, dass mit stets weniger Handarbeit mittels elektronischer Arbeitsverrichtungen immer schneller und mehr produziert wird und dadurch die Zahl produzierender Hände abnimmt, also unsichere Arbeitsplätze mit anschließender Arbeitslosigkeit zu den zukünftigen Lebens- und Arbeitsperspektiven gehören werden. Trotzdem wollen die demografischen Propheten den Eindruck erwecken, als ob mit zunehmender Geburtenrate bessere Lebens- und Arbeitsbedingungen die Folge wären. Ist dieser Widerspruch eigentlich noch niemandem aufgefallen? Sind denn die bevölkerungsreichsten Länder und Kontinente die mit dem höchsten Lebensstandard?

Diese unbestreitbare Entwicklung betrifft zunächst nur die westliche Welt. Da Technologie, gleich auf welchem Gebiet, noch nie aufgehalten werden konnte, wird sich dieser Prozess weltweit fortsetzen. Die Propheten der demografischen Katastrophe werden diese Fakten nicht zur Kenntnis nehmen und weiterhin ihre Prognosen zu Gewissheiten aufblasen, trotz weltweiter hoher Arbeitslosigkeit mit zunehmender Zahl nicht versicherungspflichtiger Existenzen und somit ihre Zukunft auf der Basis der Sozialhilfe oder Schwarzarbeit sehen. Aber Geburtenrückgangsspezialisten bleiben davon unbeeindruckt, im Gegenteil.

Offensichtlich ist der Vergleich zwischen den muslimischen Geburtenraten und denen der europäischen Jungfamilien das wahre Motiv der Katastrophenpropheten. Da Ideologen hysterisch reagieren, wenn sie mit nüchternen Zahlen konfrontiert werden, sollten in diesem Zusammenhang zwei Bevölkerungszahlen miteinander verglichen werden:

Die der Bundesrepublik und die der Türkei.

Die Türkei hatte auf dem gleichen Staatsgebiet wie heute im Jahr 1934 fast 14 Millionen Einwohner, im Jahr 2005 dagegen ca. 72 Millionen Einwohner, also mehr als das Fünffache.

Hätte die deutsche Bevölkerung sich ebenfalls verfünffacht, lebten in der heutigen Bundesrepublik mehr als 300 Millionen Menschen. Das wäre allerdings die echte Katastrophe für unsere Bürgerinnen und Bürger, die den uns gewohnten Lebensstandard selbstverständlich halten und weiterführen wollen.

Die realistischen Zahlen für die Länder der EU sehen im Vergleich dazu zwar anders aus, zeigen jedoch auch einen Anstieg der Bevölkerungen der einzelnen Länder, den es ebenfalls durchaus zu beachten lohnt angesichts der Menschenverluste in der Zeit zwischen 1939 und 1945 durch den Zweiten Weltkrieg. Militärverluste, zivile Opfer, politische und rassistisch Verfolgte, die mit ca. 12 Millionen anzusetzen sind.

Dazu: 1934 betrug die Einwohnerzahl der EU-Staaten noch 362 417 000 Millionen.

Diese steigerte sich, trotz der immensen Kriegsverluste, im Jahr 2004, also 70 Jahre später, auf 486 377 000 Millionen, also um ca. 25 %.

Trotzdem gab es eine Vollbeschäftigung, auch verursacht durch den Wiederaufbau nach 1945, eines in vielen Teilen völlig zerstörten Europas, insbesondere Deutschlands, das wohl am stärksten zerstörte Land. Dieser Wiederaufbau zum Wirtschaftswunder erklärt, dessen Produktionen überwiegend noch in Handarbeit geleistet wurden, genauso wie noch sämtliche Dienstleistungen der Vorkriegszeit. Bahn- und Busschaffner, Fahrkartenschalter, Stationsvorsteher, Gepäckträger, Hafenarbeiter, Fahrstuhlführer, Straßenfeger etc. gehörten zum alltäglichen Leben und mussten dann Rationalisierungsmaßnahmen weichen. Auch der Begriff der Selbstbedienung setzte sich erst langsam durch, bevor Supermärkte die Einzelhandelsgeschäfte fast völlig verdrängt hatten. Auch war es in den Hotels üblich, das Frühstück serviert zu bekommen. Diese sogenannten Modernisierungen wurden mit Personaleinsparungen aus Kostengründen erklärt. Diese Personaleinsparungen gehen weiter, jetzt mehr in großen Konzernen, mit dem Erfolg, dass 2004 die durchschnittliche Arbeitslosigkeit in den EU-Staaten bei 8 % lag. Trotzdem wird aus Brüssel den Europäern permanent eingeredet, sie bräuchten „Zuwanderer", um die Renten der zu viel gewordenen Alten finanzieren zu können. Es wird nicht wahrgenommen, oder man will es nicht wahrhaben, Arbeit ist für die zunehmende Masse in Europa und weltweit nicht mehr als Existenzform möglich. Wir sind längst im Roboterzeitalter angekommen.

Die Absicht, die hinter dieser widersinnigen Politik steht, das längst übervölkerte Europa zu einem Einwanderungskontinent zu erklären, kann nur in dem Ziel einer allgemeinen Verarmung liegen, um das Ungleichgewicht zwischen dem „reichen" Westen (Europa) und den armen, übervölkerten Ländern mit steigenden Geburtenraten der Dritten Welt aufzuheben, auf dem auch noch flächenmäßig kleinsten Erdteil des Planeten.

Menschen, die wissen, wie eine vernünftige Wirtschaft funktioniert, und Spitzenfachleute bis hin zur wissenschaftlichen Elite wandern schon jetzt aus. Dieser Prozess vollzieht sich schon seit Jahren. Unzureichende Bezahlung und bürokratische Behinderungen vergraulen Jahr für Jahr unsere besten Spitzenkräfte. Allein 2005 und 2006 verließen 300 000 deutsche Auswanderer die Bundesrepublik. Der überwiegende Teil waren Akademiker und hochqualifizierte Facharbeiter. In diesem Zusammenhang stellt sich die Frage, ob unsere gegenwärtigen Regierungen die Folgen dieses Verlustes bedacht haben. Die Bundesrepublik, ein rohstoffarmes Land, lebt im Wesentlichen vom Export seiner Spitzenerzeugnisse, was unseren hohen Lebensstandard sichert. Diese Spitzenerzeugnisse werden allerdings weder von Soziologen, Psychologen oder anderen Geistesakrobaten noch Dienstleistern produziert. Dafür ist die wissenschaftlich-technische Elite die Vorraussetzung. Wenn deren permanente Abwanderung aber weiterhin ignoriert wird, kann dieses nur als Suizidverhalten verstanden werden, mit der Folge fortschreitender Fremdbestimmung und Erpressbarkeit.

Kein Mensch mit klarem Verstand kann somit noch die Notwendigkeit von Einwanderern, also Immigranten, begründen, sind wir doch längst zu einem Auswanderungsland degeneriert. USA, Kanada, Großbritannien, die Schweiz, die skandinavischen Länder freuen sich über diesen Zugewinn an Eliten, die bei uns mit Steuergeldern ausgebildet wurden.

Da unser Bildungssystem dank der 68er Bewegung bis zu den Hochschulen so an Niveau verloren hat, dass sich viele

Studienanfänger für ein Studium an einer der Elite-Universitäten in den USA oder anderswo entscheiden, sind diese ebenso für unseren Wirtschafts- und Wissenschaftsorganismus als verloren anzusehen. Denn Chancen für deren berufliche Karrieren sind dort um ein Vielfaches erfolgreicher und interessanter als in einem ideologieverseuchten, bürokratisierten Deutschland mit zunehmender Technikfeindlichkeit. Demgemäß besteht schon jetzt ein erheblicher Mangel an Wissenschaftlern, Ärzten und Fachingenieuren.

In diesem Zusammenhang sollte der Blick auf außereuropäische Staaten und Kontinente gerichtet werden. Zunächst auf die sogenannten unterentwickelten Länder. Was bedeutet Unterentwicklung? Im Vergleich zu den entwickelten Ländern, und darum geht es, ist zunächst der technologische Rückstand gemeint. Dafür gibt es viele Ursachen. Machtverhältnisse, die einer zeitgemäßen Entwicklung der Massen entgehenstehen, traditionell oder religiös begründet, zählebig, weil als einzig denkbare „Ordnung" angesehen. Ob diesen Zuständen mit dem Begriff Aufklärung beizukommen ist, so wie es in Europa in einem jahrhundertelangen Prozess weitgehend gelungen ist, erscheint fraglich.

Da in diesen Ländern noch heute die meisten Produkte per Handarbeit hergestellt werden, diese aber aus Gründen der Übervölkerung nicht ausreichen, die Menschen am Leben zu erhalten, der Drang in die Megastädte. Die indische Großstadt Mumbai z. B. mit fast 22 Millionen Einwohnern hat allein 12 Millionen Slumbewohner, trotz Weltspitze in Elektronik in den Wissenschaftszentren Indiens. Ähnlich sieht die Situation südamerikanischer Megastädte aus, in Ländern, die kaum als unterentwickelt anzusehen sind.

Wenn hier von Slums in Indien oder Südamerika die Rede ist, sehen diese Elendshöhlen, oftmals neben oder auf Müllhalden, anders aus als die europäischen Slums, woher dieser Begriff ja stammt. Verglichen mit den asiatischen und südamerikanischen sind die europäischen geradezu luxuriöse Appartements. Die Favellas an den Rändern von Rio de Janeiro, Sao Paulo oder Caracas sind

Elendsbehausungen, deren Menschen nur noch durch kriminelle Strukturen mehr vegetieren als im menschlichen Sinne leben. Es ist eine Illusion zu glauben, solche Zustände könnten durch soziale Reformen auf ein menschenwürdiges Niveau gebracht werden.

Sollte bei ungebremster Übervölkerung dieses der zukünftige Zustand der Gattung mit aufrechtem Gang sein?

Der Beginn

Die Anfänge dieser Gattung zu bestimmen, können nur als Versuch gesehen werden, um Vermutungen, angesichts unseres geringen Wissens, aufgrund weniger Schädel- und Knochenfunde. Letzte Forschungen verlegen die Wiege der ersten Menschen nach Südafrika. Von dort aus gehen vor ca. **200 000 Jahren** Wanderungen in Richtung Norden und Nordosten. Für diese Wanderungen muss es Gründe gegeben haben, ganz einfach Überlebensfragen, z. B. aus extremen klimatischen Veränderungen oder anderer nicht mehr erkennbarer Mängel oder Gefahren, oder sogar schon Übervölkerung im Verhältnis zu den kümmerlichen Nahrungsressourcen.

Für diese Untersuchung ist es belanglos, wann diese Wanderungen stattgefunden haben sollen. Die bislang ermittelten Zeiträume differieren beachtlich. Außerdem, wie groß war die Zahl derjenigen, die da wanderten? Und warum? Genau betrachtet, die erste Völkerwanderung oder die ersten Migranten. Es müssen aber einige geblieben sein, die Vorfahren der jetzt dort lebenden schwarzen Bevölkerung.

Wir befinden uns in der Altsteinzeit, dem Paläolithikum oder der vorletzten Zwischeneiszeit. Das Auftreten eines Primaten mit aufrechtem Gang ist nicht zu datieren. Sämtliche Primaten können sich auf zwei Beinen bewegen, tun es jedoch nur kurzfristig. Es wird angenommen, im Laufe der Evolution hätte sich ein Typus der Primaten in Phasen, letztlich zu einer Spezies mit aufrechtem Gang entwickelt.

Auch diese Annahme ist fraglich. Es ist nicht einzusehen, aus welchen Gründen eine bestimmte Gattung der Primaten sich in mehreren Phasen bis zum aufrechten Gang entwickelt haben soll – ausgestattet mit sämtlichen biologischen Mängeln im Verhältnis zu ihrem vorigen Zustand.

Unsere engsten Verwandten, die Schimpansen, existieren ja nach wie vor in unveränderter Form. Offensichtlich besteht zwischen der

Entscheidung zum aufrechten Gang und den daraus entstehenden biologischen Nachteilen ein kausaler Zusammenhang.

Schimpansen sahen bislang keine Notwendigkeit, ihre Art der Fortbewegung zu ändern oder sich Kleidungsstücke zu beschaffen. Kein Schimpanse benötigt eine Unterhose.

Dieser Zweibeiner hat Verhaltensweisen, die sich so grundsätzlich von der vergleichbaren Tierwelt unterscheiden, dass sein Erscheinen auf diesem Planeten als permanent revolutionär erklärt werden kann. Der entscheidende Unterschied bestand von Anfang an in seinen biologischen Mängeln gegenüber seiner gesamten animalischen Umwelt, wie bereits von Johann G. Herder erkannt sowie von Arnold Gehlen genauer analysiert mit daraus folgenden anthropologischen Erkenntnissen.

Verweilen wir noch etwas bei dem Vergleich zwischen Schimpansen und Zweibeinern.

Die biologischen Mängel und Benachteiligungen der Zweibeiner, bereits mehrfach erwähnt, setzen wir jetzt als bekannt voraus.

Bei dem Vergleich zwischen beiden fällt zuerst die relative Steifheit oder, besser, Ungelenkigkeit des Zweibeiners auf, im Gegensatz zum geschickten Hangeln von Ast zu Ast der Schimpansen. Im äußeren Erscheinungsbild fällt das nachwachsende Haupthaar, ebenso das Barthaar im Gegensatz zum Schimpansen auf, der dafür ein Fell besitzt.

Der immense Vorteil, sich auf zwei Beinen zu bewegen, liegt hingegen darin, lange Strecken laufend zu überwinden, was nach Schimpansenart auf vier Extremitäten nicht möglich ist. Die für den Zweibeiner frei werdenden Hände sind aber der entscheidende Vorteil, der die übrigen Mängel erheblich ausgleicht.

Dieses lässt zumindest die Vermutung zu, dass äußere Umstände das Aufrichten erzwungen haben, man könnte es auch Flucht nennen, keinesfalls kann es sich hier nicht um Bewegungen in waldreichen Gebieten gehandelt haben. Die Theorie von Rodman und McHenry bestätigen dieses, weil sie auf rein biologischen Überlegungen aufbauen und die ökologischen Veränderungen als Ursache für die Fortbewegung auf Zweibeinen ansehen, da wesentlich effizienter für die Nahrungssuche.

Schon der Zwang zum Weiterwandern beweist: Die Natur hat dieser neuen Gattung keinen bestimmten Lebensraum zugewiesen, wie jeder anderen auf diesem Planeten. Kein Schimpanse käme auf die Idee, nach Grönland auszuwandern, und ebenso kein Eisbär nach Nordafrika. Die gesamte Tierwelt ist identisch mit der Natur, in der sie und von der sie lebt. In diesem Sinne ist die Gattung der Zweibeiner nirgends „zu Hause". Dieses Zuhause muss sie sich stets schaffen, und auch nur vorübergehend, denn dauerhafte Bleibe ist weder von der Natur noch von der benachbarten Horde garantiert.

Aus diesen Grundursachen resultieren Verhaltensweisen, die am richtigsten wohl mit permanenter Kompensation zu bezeichnen sind. Dieser herausragende Sonderfall in der Gattung der Primaten führte ein Leben, das mit einem paradiesischen Zustand nichts zu tun hatte; es war auch nicht die Hölle, es war einfach schrecklich. Allein der Paradiesgedanke kann nur als unstillbare Sehnsucht erklärt werden, und diese kann nur in kargen, wüstenähnlichen Landschaften entstanden sein.

Dieses Kompensationsverhalten wird am überzeugendsten durch körperliche Leistungen im Rahmen von Wettbewerben bestätigt; ein Verhalten, welches wir heute als Sport bezeichnen. Hier wird versucht, die äußerste Leistungsfähigkeit in Konkurrenz zu erreichen und zu demonstrieren, unter Einsatz aller Kräfte und Anstrengungen. Schon im Bereich des Schnelllaufes werden immer neue Rekorde erzielt. Dennoch ist der schnellste Läufer der Welt im Vergleich zu einem Jagdhund oder Geparden eben doch nur eine lahme Ente. Hochleistungsschwimmer, zusammen mit Seehunden in Konkurrenz, können diesen Wettbewerb auch nicht gewinnen.

Der Mensch, ein Gejagter, über einen langen Zeitraum, bevor er sich zum Jäger entwickelte. Seine Ernährung ist für uns heute nicht vorstellbar, weder Gebiss oder gar die Hände waren geeignet, größere und schnellere Tiere zu ergreifen und zu töten, um auf diese Weise sein mageres Nahrungsangebot aufzubessern. Es blieb eben nur das Sammeln von essbaren Früchten, Grünzeug und Ähnlichem oder einige leicht zu ergreifende Kleintiere. Ein hohes Alter hatte unser Urahn dabei nicht zu erwarten, wenn es hoch kam, 18–20 Jahre, ein Lebenszustand, den Thomas Hobbes kennzeichnend beschrieb: „Keine Künste, keine gesellschaftlichen Verbindungen, stattdessen ein tausendfaches Elend, Furcht, getötet zu werden, eine stündliche Gefahr, ein einsames, kümmerliches, rohes und kurzes Leben.“

Zwischenbemerkung und Frage

Dieser über lange Zeiten anhaltende Zustand, mit aufrechtem Gang herumziehend, kein zugeordneter Lebensbereich, eine für uns nicht vorstellbare Mühsal. Hier stellt sich doch die Frage, warum diese seltsame Gattung damals nicht ausgestorben ist? Eigentlich kommen nur vier Faktoren in Betracht:

1. das auf Wachstum angelegte Gehirn,
2. die hochsensiblen Hände,
3. eine phänomenale Anpassungsfähigkeit an extreme Klimaschwankungen,
4. ein außergewöhnlicher Geschlechtstrieb, an keine Paarungszeit gebunden, kein Klima, keine Tages- oder Nachtzeit, auch Nahrungsmangel bremst diesen Trieb nicht.

Erfahrungsgemäß macht dieser Trieb der Gattung auch noch Spaß. Ob einem Löwen derselbe Prozess in unserem Sinne ebenfalls Spaß macht, ist nicht erfahrbar. Vieles spricht dafür, dass dessen Trieb ausschließlich der Arterhaltung dient. Die alles überragende Bedeutung der Sexualität beweist sich durch Prostitution und Pornographie sowie durch perverse sexuelle Praktiken; auch diese menschlichen Verhaltensweisen sind in der Tierwelt nicht üblich.

Dazu schrieb Arthur Schopenhauer:

„Darum ist das Geschlechtsverhältnis stets der Mittelpunkt und die Hauptsache in allem Tun und Treiben der Menschen: so sehr, dass seine Angelegenheiten nicht einmal ausgesprochen zu werden brauchen, sondern sich überall von selbst verstehn: zwar sittsam verschleiert, nimmt es doch überall den Hauptplatz ein: es ist die Ursache des Krieges und der Zweck des Friedens, die Grundlage des Ernstes und das Ziel des Scherzes, die unerschöpfliche Quelle des Witzes, der Schlüssel zu allen Anspielungen und der Sinn aller geheimen Winke, aller unausgesprochenen Anträge und aller

verstohlnen Blicke, das tägliche Dichten und Trachten der Jungen und Alten.“

Somit erklären sich auch die, trotz extrem schwieriger Lebensumstände, anhaltenden und ständig zunehmenden Geburtenraten.

Ein Entwicklungssprung mit weitreichenden Folgen.

Der Übergang vom Gejagten zum Jäger beginnt mit einem kreativen Prozess. Die gestaltenden Hände bearbeiten einen harten Stein mit einem noch härteren. Es entsteht der erste Faustkeil zur Bearbeitung von Fellen und Knochen, auch als Waffe zu verwenden, bis zur Speerspitze. Auch der Speer kompensiert die biologische Lahmheit des Homo sapiens. Das gejagte Tier kann jetzt auf Distanz verwundet und sogar getötet werden.

Die Nahrungszufuhr als fleischliche Kost hatte die Speisekarte der Frühmenschen enorm verbessert. Die Möglichkeit, das gewünschte Ziel auf Entfernung zu treffen, muss die Phantasie permanent beschäftigt haben. Es galt die nicht sehr treffsichere Wirkung des Speerwurfs zu verbessern, mit dem Erfolg, der eine weitere Entwicklung der Waffentechnik auslöste, das Schießen mit Pfeil und Bogen. Der Pfeil als kleiner Speer, die Sehne ein Tierprodukt, am schwierigsten war wohl, den biegsamen Bogen zu fertigen, vermutlich zunächst ein kräftiger biegsamer Ast. Eine Waffe, die sich bis heute weiterentwickeln ließ, bei Naturvölkern weiterhin in Gebrauch, in der Antike eine Hauptangriffswaffe, die es auch über Jahrtausende blieb – bis zur Erfindung des Schießpulvers.

Eine dem Pfeil und Bogen verwandte Waffe ist die Harpune, ein zum Walfang benutzter Wurfspeer mit Widerhaken. Seen, Flüsse und Bäche gaben reichlich Nahrung, und es war wesentlich leichter, Fische zu fangen, als Wisent und Mammut zu jagen.

In diesem Zusammenhang ist die erstaunliche Gleichartigkeit der Jagd auf Entfernung auffällig, die der Ureinwohner Australiens, den Aborigines, mit dem Bumerang. Eine geniale Idee. Diese leicht sichelförmige Holzwaffe, kehrt bei einem Fehlwurf zum Werfer zurück, also kein Verlust der Keule. Kein Wunder, dieser sparsame Umgang mit dem Rohstoff Holz auf einem Kontinent, der fast zu

60 % aus Wüsten besteht. Eine weitere Entwicklung der Ureinwohner fand bis zum Eintreffen der ersten Engländer nicht mehr statt.

Die Wanderungen

Die Wanderungen, die nach Norden und Nordosten führten, mussten sich einem kälteren Klima anpassen. Kleidung als Schutz gegen Kälte, Höhlen ebenfalls schutzbedingt als Aufenthaltsrefugium.

Hier entstanden die ersten, noch heute zu besichtigenden Überlieferungen der Steinzeit, zwischen 30 000 und 40 000 Jahre alte polychrome Felsbilder in Südfrankreich und Nordspanien, Höhlenmalereien von faszinierender Genauigkeit und Farbgebung, grandiose Kunstwerke. Auch dieses Zustandekommen ist schwer nachvollziehbar, in dunklen Höhlen, als Deckenbilder, mit Sicherheit mit den Händen gemalt. Allein die Herkunft der Farben, das Auftragen auf feuchten Felswänden und die Jahrtausende überdauernde Haltbarkeit; ein Beweis für Fähigkeiten, erstmals in der Menschheitsgeschichte, Kunst hervorzubringen.

Die Motive sind die Jagd und damit Jagdzauber oder Beschwörungsrituale. Wir wissen das nicht, aber zusammen mit den entwickelten Jagdtechniken und -waffen lassen diese auf hochspezialisierte Jäger schließen.

Der Begriff Territorium kann noch keine Rolle gespielt haben. Im heutigen Sinne gab es noch keine „Feinde" in Form fremder Stämme oder Horden. Die zahlreichen Feinde kamen aus der Tierwelt; die bis dahin entwickelten Waffen bezogen sich auf Jagd und Abwehr.

Unabhängig von diesem Bedrohungspotenzial besaßen diese Frühmenschen auch eine offenbar früh angelegte Eigenschaft, die niedrige Hemmschwelle zur Tötung der eigenen Gattung. Auf die Folgen dieser Eigenschaft wird später noch eingegangen, handelt es sich hier offensichtlich um eine hoch gefährliche Spezies. Darstellungen von Bogenschützen in der Altsteinzeit mit einem getöteten artgleichen Zweibeiner, vielleicht eine Hinrichtung, beweist das gezielte Töten, wenn man glaubte, dafür Gründe zu haben.

Noch ist diese Gattung eine kaum wahrnehmbare Minderheit auf diesem Planeten, noch werden keine Bäume gefällt, dafür reichen die Werkzeuge nicht. In keiner Weise sind diese kleinen Horden in der Lage, ihre Umwelt zu verändern, wollten es auch sicher nicht, lebten von dem, was sich ihnen bot, wenn es zum Überleben genügte.

Ein weiterer Aspekt dieser Kulturstufe ist das Nichtwissen über die Ursachen sämtlicher Naturerscheinungen und Gewalten. Sonne, Gestirne, Mond, Erdbeben, Stürme, Gewitter mit Blitz und Donner und Regen, sämtlichst unerklärlich, Ängste auslösend und allem schutzlos ausgeliefert. Diese unbegreiflichen Erscheinungen wurden von Kräften verursacht, die man weder erkennen, geschweige denn beherrschen konnte. Also mussten diese besänftigt werden, mit welchen Ritualen wissen wir nicht.

Diese Kulturstufe dauerte bis zum Ende der letzten Eiszeit. In der Zeit des Alluviums beginnt etwa 4500 v.Chr. eine neue Kulturstufe mit einer revolutionären Form der Ernährung..

Im Südosten – zwischen Euphrat und Tigris – wurde Wildgetreide entdeckt, als Nahrung und zur Züchtung geeignet. Es beginnt der Ackerbau – und somit eine neue Lebensform, die Sesshaftigkeit. Getreideanbau, Ernte, Bevorratung, das bedeutet der Bau von Häusern, Vorratsräumen; das Rad für den Transport existierte schon. Ebenfalls eine geniale technische Revolution, ermöglichte doch die Achse den Transport, für den die Räder erfunden wurden. Es wird Vieh gezüchtet, es stellt sich der Eigentumsbegriff ein, dieser muss räumlich durch Grenzen festgelegt werden, die wiederum geschützt werden müssen, zunächst im Wesentlichen gegen räuberische Nomaden.

Eine Abfolge von Konsequenzen, die zu einer nie zuvor möglichen Existenzerhaltung führen, sich nach Europa verbreiten und einen neuen Begriff in die Menschheit einbringen, nämlich „Arbeit". Das bedeutet differenzierte Arbeitsteilung, Zuweisung von speziellen Leistungen, Zeiteinteilung, Zeitmessung. Der Bestand der Nahrungsdecke war somit gesichert.

Hatte die Jägerkultur, zwar unbewusst, noch den Genuss der

„Freiheit", mit sämtlichen Risiken und Gefahren, so schränkte Sesshaftigkeit diese Freiheit beachtlich ein, jedenfalls die zeitliche.

Daraus resultierten neue zwischenmenschliche Beziehungen und Abhängigkeiten. Diese neue Kultur schafft sich Regeln, Vorschriften, schließlich Gesetze, denen sich jeder unterwerfen musste, zum Zwecke einer notwendigen Ordnung für eine von Arbeit und Produktion lebenden Gemeinschaft. Dazu gehörte eine entsprechende Verwaltung und es entstanden die Voraussetzungen für die ersten Formen von Städten, Machtzentren, bis zu den frühesten Imperien.

Diese neue Form der Sesshaftigkeit musste schon wegen der Notwendigkeit der Arbeitskräfte Nachwuchs produzieren, also wesentlich mehr auf einem bestimmten Terrain, als die Jägerkultur benötigte. Dieser Entwicklungssprung erzwingt eine neue Existenzform, die sich im Laufe der Jahrtausende immer weiter auffächern wird. Stets zunehmende Spezialisierungen erfordern die Existenzform des „Berufes". Ohne einen Beruf zu haben, kann der Kampf ums Dasein nicht mehr gelingen.

Ein weiterer entscheidender Entwicklungssprung

Der bis in unsere Gegenwart reichende, für die weitere Evolution entscheidende Entwicklungssprung entstand jetzt durch ein völlig neues Verhältnis zwischen Mensch und Tier. Ein schon bekanntes Säugetier – als Nahrungsmittel sehr begehrt –, das Wildpferd, wird domestiziert und vor Pflüge und Streitwagen gespannt. Es beginnt eine Symbiose zwischen Mensch und Tier, die sich bis zur Erfindung des Automobils dergestalt steigert, dass die weitere Entwicklung der Menschheit ohne Pferd nicht vorstellbar ist.

Irgendwann vor ca. 4000 Jahren kam jemand auf die Idee, sich auf dieses bereits domestizierte Wildpferd zu setzen, mit Sicherheit kein einfacher Versuch. Er muss aber gelungen sein. Eine bis dahin unvorstellbare Erfahrung durch ein Beschleunigungspotenzial, das ungeahnte Möglichkeiten eröffnete und der weiteren Entwicklung des langsamen Zweibeiners eine neue, bis dahin undenkbare Richtung ermöglichte und einen neuen Begriff in die Welt setzte: **Geschwindigkeit.**

Seit dieser Erkenntnis wird bis heute die Menschheitsgeschichte davon bestimmt.

Ohne schnelle Pferde keine Kriege Alexanders des Großen gegen die Perser und entsprechende Kriegszüge und Eroberungen für die darauffolgenden 3000 Jahre. Gedankt hat es unsere Gattung diesem Entwicklungshelfer wenig. Als Zugpferd oder Reitpferd mit Peitschen und Sporen gequält, zu hunderttausenden auf den Schlachtfeldern geopfert. Ein Vorgang, den man nur mit der Vergewaltigung einer friedlichen, harmlosen Kreatur bezeichnen kann. Kein Angriffstier. Seine von der Natur bestimmte Haltung gegenüber seiner Umwelt ist die eines Fluchttieres. Dieser friedliche, nur pflanzenfressende Entwicklungshelfer bestimmte über Jahrtausende die Entwicklung der

Menschheit ganz entscheidend. Ohne diesen schnellen Vierbeiner ist der Fortschritt bis zur industriellen Revolution nicht denkbar. Wäre das Pferd als Reittier oder Zugtier niemals benutzt worden, wer weiß, ob Eisenbahn, Automobil und Flugzeug überhaupt erfunden worden wären.

Dieses neue Geschwindigkeits- und Beschleunigungsbewusstsein bewirkt, ergänzend zu der neuen Existenzform von Ackerbau und Viehzucht, Expansionsgelüste und noch höhere Geburtenraten. Diese erfordern mehr Terrain. Der Geburtenüberschuss brachte aber auch mehr Menschen hervor, die für diese neue Wirtschaftsform nicht unbedingt benötigt wurden, genau genommen eher überflüssig waren. Nichts Besseres konnte dem jeweiligen Herrscher geschehen. Hier entstand das Potenzial für die Ausdehnung seines Machtbereiches, d. h. Krieg zu führen. Es beginnt das Zeitalter der Eroberungen, zeitgleich mit der Entdeckung und dem Abbau des Kupfers, das zu einfachen Waffen verarbeitet wird, später durch eine Legierung mit Zinn zu Bronze, das das Schmieden zu Bronzeschwertern ermöglichte.

In der Abfolge der ersten Stadthochkulturen und Zivilisationen, Sumerer, Babylonier, Assyrer im fruchtbaren Mesopotamien, zeigen sich schon sämtliche Sünden, zu denen diese Menschheit fähig war und ist. Grausame Kriegsführungen, Versklavung, Umsiedlung unterworfener Völker, Raub, Plünderung, Vergewaltigung, Betrug bis zu Getreidedarlehen mit 33 % Aufschlag, nach der Ernte zurückzugeben, so praktiziert in Babylon um 1900 v. Chr. Parallel zu diesen fragwürdigen Eigenschaften setzt sich die Ausbeutung der Natur durch Kultivierung bis heute fort, und das mit steigenden Geburtenraten. Warum auch nicht, Planet Erde, noch als Scheibe wahrgenommen, ist ja unendlich groß. Noch.

Die Folgen menschlicher Eingriffe sind noch nicht zu spüren, dafür fehlt es an Bewusstsein. Worüber aber im Zweistromland Einverständnis bestand, war die Unbegreiflichkeit von Leben und Sterben sowie der Naturgewalten. Nie zu lösende Rätsel.

Es stellte sich der Glaube an Mächte ein, als Ursache für alles Unbegreifliche. Es entstand die Idee der Notwendigkeit des Opferns, als Dank oder Beschwichtigung oder auch Wunsch. Der Gegenstand des Opfers, unterschiedlich je nach Wert, bestimmte Tiere, in anderen Zusammenhängen auch Menschen. Die Unbegreiflichkeit des endlichen Lebens wurde in Ägypten zu einem Tiefschlaf umgedeutet mit Grabbeigaben für die Reise in die Ewigkeit. Diese Auffassung vom ewigen Leben, irgendwo im Jenseits, hat sich bis heute in unterschiedlichen Religionen verfestigt. Die entscheidende Frage, an welche Art von Leben dabei gedacht wurde, ob biologisch oder nur geistig, wurde unterschiedlich ausgelegt.

Die Vorstellung, das eigene Leben habe nach dem biologischen Ende keine Fortsetzung, wird eben als unerträglich empfunden, zumal von einem Herrscher, der raumgreifende Eroberungen und dafür gewaltige, für die Ewigkeit gedachte, monumentale Bauwerke errichten ließ, z. B. Pyramiden. Dieses gilt für jeden Menschen, besonders für jene, die während eines arbeitsreichen Lebens vieles geleistet und geschaffen haben. Noch unvorstellbarer für die Zurückgebliebenen, den geliebten Menschen niemals wiederzusehen.

Mit dem Begriff Jenseits verbindet sich ja nicht nur die Atmosphäre unseres Planeten, sondern auch das Universum, in dem sich unser Planetensystem bewegt. Aber Universum heißt auch UNENDLICHKEIT. Das können wir zwar aussprechen, aber niemals begreifen. Das absolut Unbegreifliche muss die Ursache für den Begriff „Glauben" sein, denn hier zeigt sich die Grenze der Erkenntnis- und Wahrnehmungsfähigkeit unseres Gehirns.

Diese kurze Einlassung ist für die folgenden Epochen insofern von Bedeutung, als die an Gottheiten oder nach Entstehen des Monotheismus an Gott Glaubenden für zwei Gruppen, die Herrschenden und die Beherrschten, zu sehr unterschiedlichen Lebensqualitäten führten.

Die erste Gruppe, unterfüttert mit dem eigenen Glauben an die Macht, quasi beauftragt von Göttern, deren Willen sie interpretiert, und die Beherrschten – bis vor nicht allzu langer Zeit von jeder Art Bildung ferngehalten – gehorchen aus Angst vor dem Sterben.

Auch unter diesem Machtanspruch wurden bis heute 5000 Jahre lang Kriege geführt.

Hätten diese Kriege geführt werden können ohne einen Überschuss an Menschenmassen, die zur Verfügung standen? Darüber hinaus erstaunt es, dass die in den letzten 5000 Jahren erfundenen Geräte überwiegend zur Kategorie der Waffen gehörten. Nur weniges ließ sich unsere Gattung einfallen, um das tägliche schwere Leben zu erleichtern, bis zur Heilung von Krankheiten, deren genaue Erforschung bis vor nicht allzu langer Zeit auf beachtliche Hindernisse stieß.

Dagegen machte die Entwicklung von Kanonen und Schießprügeln rasante Fortschritte, ebenso der Bau von Festungsanlagen und ausgeklügelten Superkanonen, um diese Festungen wieder zu zertrümmern. Der Erfindungsreichtum der Perfektionierung der Waffen entwickelte sich in kürzester Zeit zu ungeahnten Möglichkeiten zur Vernichtung von Städten, Dörfern und Landschaften. Durchführbar wurden diese „Aktivitäten" durch die verfügbare Masse Mensch.

Sämtliche bisherigen Zivilisationen haben trotz tiefster philosophischer und religiöser Erkenntnisse und Einsichten bis zum heutigen Tag den Krieg als Dauerzustand nicht verhindern können. Die Zeiten auf dem Planeten mit Kriegsunterbrechungen werden Frieden genannt. Schon die Floskel „Wir haben jetzt schon so lange Frieden" impliziert ja die Erwartung eines neuen Krieges. Wenn dazu ein sogenannter „Zeitgeist" Heldentum und ein göttlich verbrieftes Recht auf zu erobernde Gebiete bestimmend wird, bleibt ohnehin jede Vernunft auf der Strecke, schon weil der Glaubensbegriff, auch der nichtreligiöse, stets wirkungsmächtiger war und ist.

Dazu Paul Verlaine: „Krieg ist eine Veranstaltung, bei der Menschen, die sich nicht kennen und nichts gegeneinander haben, töten.

Und zwar auf Befehl von Menschen, die sich sehr wohl kennen und sehr wohl etwas gegeneinander haben, sich aber nicht töten.“

Eine zivilisierte Gesellschaft führt eben keine Kriege.

Durch die permanente Zunahme der Bevölkerung wurde es auch für die fleißigen Bauern und Handwerker immer schwieriger, ihren zahlreichen Kindern die Existenz zu sichern. Nur ein Sohn konnte den Hof erben. Und die Übrigen? Töchter mussten wirtschaftlich gesichert verheiratet werden, das war niemals leicht. Die anderen Söhne hatten die Wahl zwischen Militär, Geistlichkeit, wandernder Gesell, Hofbedienstetem – oder Räuber. Ein indischer Bauer beklagte im Jahr 2006 die Unmöglichkeit, seine Tochter zu verheiraten, er sei nicht in der Lage, sie zu ernähren: „Mir blieb nichts anderes übrig, als sie in die Prostitution zu geben.“ Dafür besteht nach wie vor permanent weltweit Bedarf.

Wenn die Zeitläufte, vom Reich der Sumerer bis zum Ende des 18. Jahrhunderts, dem Beginn der industriellen Revolution, in Bezug auf Bevölkerungszunahme analysiert werden, abgesehen von weiteren Evolutionsschüben, fällt die weltweite Zunahme auf. Eben nicht nur in Europa, wesentlich mehr in Asien. Weder Kriege noch verheerende Epidemien, Kindersterblichkeit, Ausrottung ganzer Völker, nichts konnte die Populationsexplosion hindern.

Zwischenbemerkung

Es hat sich seit Beginn der Evolution des Homo sapiens herausgestellt, dass Gewalt auch im Umgang mit seinesgleichen eine entscheidende Rolle spielt. Die Ursachen für die Neigung zur Gewalttätigkeit ist sein grenzenloser Egoismus. Dieser Egoismus ist insofern „naturbedingt", als dieser Gattung aus der Natur keine hilfreiche Hand gereicht wird. Um überhaupt existieren zu können, kann sich jeder nur auf sich selbst und seine Fähigkeiten verlassen, andererseits zeigte sich die Notwendigkeit, schon bei Jägern gemeinsam und abgestimmt zu handeln, um Erfolg zu haben, also aufeinander angewiesen zu sein.

Die weitere Entwicklung, bis hin zu modernen Staatsformen, führte aus diesen Gründen zu der Notwendigkeit, ein ordnendes Prinzip in das tägliche Leben einzuführen, das unkontrollierte Gewalt unter Kontrolle hielt, also verbindliche Vereinbarungen, Regeln bis zu Gesetzen, die bis in die Gegenwart immer differenzierter Streitigkeiten regeln. Da jede Gesellschaft oder Staaten ihre eigenen Gesetze entwickelt haben, die sich häufig untereinander sehr unterscheiden, entstehen bei sich überschneidenden Interessen eben Kriege. Wiederum ein Beweis für entscheidende Mängel dieser Gattung.

In der gesamten Tierwelt entscheidet in kritischen Situationen der Instinkt und die Stärke. Verträge kennt man dort nicht.

Der Planet wird entdeckt

Rom und Karthago beherrschten das Mittelmeer mit den angrenzenden Territorien, vorderer Orient, Anatolien, Nordafrika, Spanien, Ägypten. Der Schiffsbau war hoch entwickelt, sowohl für Handels- wie Kriegsschiffe. Mesopotamien bis Indien bekannt, aber kein Herrschaftsgebiet. Die Idee, die Küsten Westafrikas nach Süden zu erkunden, kam nicht auf. Es bestand offensichtlich keine Notwendigkeit zu weiteren Expansionen. Das offene Meer, der Atlantik, war die unbekannte, absolute Grenze.

Das änderte sich erst ca. 1000 Jahre später. Der Portugiese Vasco da Gama segelte schon 1498 nach Indien. Die astronomischen Erkenntnisse im 15. Jahrhundert, mit Galileo Galilei und anderen, führten zu der Feststellung, unsere ERDE kreist um die Sonne. Der Zusammenprall Galileis mit der katholischen Kirche ist bekannt. Diese wollte von der Auffassung nicht abgehen, es handele sich um eine Scheibe mit Sternen als erfreulichem Dekor. Unser kleiner Planet sei der Mittelpunkt des Weltalls. Die Sonne geht eben auf und wieder unter. So wie wir es fälschlich noch heute bezeichnen.

Dieses astronomische Wissen von der Form unseres Planeten war die nächste Revolution für unsere Gattung, mit ihren Auswirkungen bis in unsere Tage. Der Handel mit China und Indien – Gewürze, Seidenstoffe etc. – war bisher nur in Richtung Osten möglich, erhielt nun eine denkbare Variante in Richtung Westen. Diese Überlegungen erhielten Auftrieb durch das Osmanische Reich, welches die Seiden- und Handelsstraßen von China über Indien nach Europa unterbrochen hatte und somit den für Europa wichtigen Handel blockierte.

Spanien war das Land, welches den Seeweg Richtung Westen ernsthaft in Erwägung zog und auch zu finanzieren bereit und in der Lage war. Der italienische Seefahrer Cristobal de Colon, Columbus genannt, wollte diese Fahrt ins Unbekannte unternehmen und den Seeweg nach Indien über den Westen erkunden. Mit drei

Karavellen übernahm er im Dienste der spanischen Krone dieses riskante Wagnis mit Erfolg. Am 17. April 1492 landete er auf der heutigen Insel San Salvador, natürlich in der Annahme, Indien erreicht zu haben. Die Bewohner dieser Welt wurden fortan, bis heute, „Indianer" oder Indios genannt. Die weiteren Entdeckungen und Eroberungen Süd- und Mittel- und Nordamerikas sind bekannt. Die 1. Weltumsegelung gelang Ferdinand Magellan 1519–1522, wobei er die nach ihm benannte Magellanstraße nördlich von Feuerland entdeckte.

Wie sich in den darauffolgenden vier Jahrhunderten herausstellte, ging es bei dem alternativen Weg nach Indien nicht nur um den Ersatz des versperrten Handelweges nach Osten, sondern auch um eine intensive Auswanderung in die amerikanischen Kontinente durch die Übervölkerung Europas. Die Nahrungsdecke war zu dünn. Zwar waren die Motive der „Mayflower" 1620 für die ersten Ansiedelungen von Engländern im Osten Nordamerikas vordergründig religiöser Art. Die wahren Gründe waren mit Sicherheit – und die zunehmende Zahl von europäischen Auswanderern ist der beste Beweis – Mangel an Entwicklungsmöglichkeiten für den Einzelnen. Die Lebensgrundlagen reichten offensichtlich nicht, um den für die damaligen Verhältnisse angemessenen Lebensstandard zu erhalten.

Diese Mängel waren auch aus Grundbesitzverhältnissen zu erklären, aus Streit darüber und den ständigen Kleinkriegen, berechtigten und unberechtigten Machtansprüchen von Adel und Klerus. Erst jetzt ergaben sich Möglichkeiten für diejenigen, die es satt hatten, auf diese Weise ihr Leben zu fristen, und ein Maß an Freiheit, mit allen Risiken, zu erleben – was im damaligen, zu eng gewordenen Europa niemals möglich gewesen wäre.

Es begann die letzte, raumgreifende Phase durch die Gattung der Zweibeiner.

Der Planet wird erobert

Die Entdeckung Galileis, Planet Erde ist eine Kugel, und die Bestätigung durch Columbus, löste zum Beginn des 16. Jahrhunderts in einigen europäischen Staaten bisher unbekannte Träume, Sehnsüchte und Ansprüche aus, die nicht in das bisherige Bewusstsein der belebten Welt passten, angesichts zweier riesiger Kontinente, von deren Existenz niemand etwas geahnt hatte. Eine Ausnahme, die Entdeckung Labradors durch Leif Erikson um das Jahr 1000 n. Chr., westlich von Grönland gelegen, kann nicht als Entdeckung Amerikas, also Nord- und Südamerikas, angesehen werden.

Die Spanier Cortez und Pizarro begegneten in Mittel- und Südamerika den Hochkulturen der Mayas, Azteken und Inkas und deren goldenen Kunstwerken. Jetzt begannen die Eroberungen mit der Suche nach dem Eldorado, dem sagenhaften Goldland. Wie sich diese Eroberungen abgespielt haben, kann hier nicht erörtert werden. Aber die Ausbreitung der spanischen Herrschaft über Mittel- und Südamerika, später auch der Portugiesen über Brasilien, hatten selbst an heutigen, sehr anspruchsvollen Verhältnissen gemessen, einen unvorstellbaren Macht- und Wertzuwachs, der sich im Laufe der darauffolgenden Jahrhunderte wirtschaftlich und machtpolitisch ebenso für die anderen europäischen Mächte einstellte.

Der Aufstieg Englands und der Niederländer zu Seemächten läutete nicht nur das Zeitalter weiterer Entdeckungen ein, sondern auch hier die Inbesitznahme fremder Territorien, weltweit. Ein ganzer Kontinent, Australien, zunächst als Strafkolonie genutzt, wurde ein beliebtes Ziel englischer Auswanderer, später auch anderer Europäer und gehört zum Britischen Commonwealth. Die Urbevölkerung, die Aborigines, blieben von europäischen Einflüssen zunächst im Wesentlichen unberührt.

Dieses Zeitalter der Entdeckungen und Eroberungen, parallel verlaufend mit der Aufklärung, förderte entscheidend die

Naturwissenschaften. Daraus entstehen völlig neue Technologien in kurzen Zeiträumen, deren Anwendungen führen zu bisher noch nie dagewesenen neuen Existenzformen. Zwangsläufig entstehen soziale Spannungen, die sich unter anderem in der Französischen Revolution entladen. Der Beginn der Entstehung einer neuen gesellschaftlichen Schicht, der des Bürgers.

Der Bevölkerungszuwachs zur Zeitenwende mit ca. 350 Millionen Erdbewohnern steigerte sich nur mäßig und erreichte um 1500 ca. 500 Millionen, und um 1730 stieg die Weltbevölkerung auf 700 Millionen an. Der Beginn der industriellen Revolution, Ende des 18. Jahrhunderts, hatte sofort einen Sprung auf 1 Milliarde zur Folge. Um 1800 kommen somit in einem Zeitraum von nur 70 Jahren 300 Millionen Erdbewohner hinzu. Der nächste Sprung innerhalb von 127 Jahren betrug dann eine weitere Milliarde auf 2 Milliarden Menschen 1927. Auch die erfolgreiche Bekämpfung der großen Epidemien und Infektionskrankheiten gegen Ende des 19. Jahrhunderts haben zu dieser Bevölkerungszunahme beigetragen.

Genauer betrachtet war diese industrielle Revolution die erste in der Menschheitsgeschichte, welche schnell zur Hebung des allgemeinen Lebensstandards führte und dadurch zum weiteren Geburtenanstieg in den Industriegesellschaften. Das Tempo, mit dem sich dieser Prozess vollzog, stellte die Akteure der Industrie vor Probleme, welche bislang völlig unbekannt waren. Für den Umgang mit den Konsequenzen einer solchen Revolution konnte man auf keine Erfahrung zurückgreifen. Heute kann man das. Die negativen Seiten zeigten sich bald. Massenauszug vom Lande in die Industriezentren und wachsenden Großstädte und die sich daraus ergebenden Wohnprobleme. Insbesondere mussten diese extrem kurzfristig gelöst werden. Das Resultat: erbärmliche Mietskasernen. Die Produktionsstätten waren ebenfalls kein Vorbild für menschenwürdige Arbeitsbedingungen. Die zu erwartenden Spannungen zeigten sich bald und brachten einen neuen Typus hervor, den Proletarier. Nach Marx und Engels ein Lohnarbeiter der auf Privateigentum gegründeten Gesellschaft.

Dieser erste Schritt in eine neue Phase der Evolution, der radikalen Änderung der äußeren Lebensumstände der Lohnarbeiter und deren Familien, kam einer Mutation gleich. Die Lebensweise dieser Menschen vom Lande – ohne Zweifel kein Dasein in Freiheit und Unabhängigkeit, aber naturverbunden – veränderte sich dermaßen negativ, dass nach der Arbeit der Weg nicht „nach Hause" führte, sondern in die Destille.

Die Notwendigkeit der möglichst schnellen Änderung dieser Zustände wurde schon erkannt. Die Umsetzung entsprechender Maßnahmen vollzog sich jedoch zeitaufwendiger und schwieriger als die hektischen Aktivitäten zu Beginn der Industrialisierung. Jetzt setzte etwas ein, was das 20. Jahrhundert entscheidend prägte und noch immer in das 21. Jahrhundert ausstrahlt: die Ideologisierung der Industriegesellschaften. Seitdem haben wir es mit dem Typus des Ideologen zu tun. Um bestimmte Ideologien zu realisieren und durchzusetzen, entsteht auch ein neuer Berufszweig, der des Funktionärs.

Der Humus, auf dem diese Spezies gedeiht, ist die moderne Massengesellschaft.

Im weiteren Verlauf der Industrialisierung zeigten sich Widersprüche, im Rahmen der Produktion stets neuer Erfindungen und Absatz, von der Eisenbahn über immer wirkungsvollere Waffen, dem Automobil bis zum Flugzeug. Der notwendige Verkauf dieser Produkte setzte ja einen entscheidenden Bedarf voraus, der erst geweckt werden musste. Verlief dieser Prozess nicht wie gedacht, also unwirtschaftlich, wurde dieses oder jenes Produkt nicht weiter hergestellt. Die Folge war Entlassung und Arbeitslosigkeit. Da jede Produktion finanziert werden muss, überwiegend auf der Basis von Krediten, konnten auch Fehlspekulationen nicht ausbleiben und führten zu Wirtschaftskrisen. Resultat: ebenfalls Arbeitslosigkeit.

Parallel dazu: Expansionsgelüste, Inbesitznahme fremder Territorien in Form von Kolonien in Afrika, Nord- und Südamerika und Asien, Konkurrenz der Großmächte, aus diesen Faktoren stets sich häufende Spannungen, Größenwahn, Fehleinschätzungen der eigenen Möglichkeiten, führten irgendwann wieder zum Krieg. Vergeudetes Volksvermögen für die aufwendigsten Waffensysteme der Menschheitsgeschichte in der ersten Hälfte des 20. Jahrhunderts. Erster und Zweiter Weltkrieg und der Koreakrieg kosteten ca. 77 Millionen Menschenleben, einschließlich ziviler Opfer und Massenmorden an rassisch und politisch Verfolgten.

Allein den Ersten Weltkrieg bezeichnen Historiker zu Recht als **den** Zivilisationsbruch Europas.

Im selben Zeitraum, von 1900 bis 1950, stieg die Weltbevölkerung dennoch von ca. 1,5 Milliarden auf 2,5 Milliarden an. Die Bevölkerungen der Industriestaaten Europas reagierten auf diesen ersten Schub von Übervölkerung erneut mit Auswanderung, überwiegend in die USA, Kanada und Australien.

Im Brockhaus von 1841 steht unter **Übervölkerung:**

„Man versteht darunter die Vereinigung einer solchen Menge von Bewohnern oder einer so zahlreichen Bevölkerung (Population) auf einem gegebenen Flächenraume, dass sie dort die nötigen Mittel zu ihrer Subsistenz sich nicht zu verschaffen vermag. Dies kann der Fall sein, wenn dem Boden die nötigsten Lebensbedürfnisse wirklich nicht in hinreichender Menge für seine Bevölkerung abgewonnen werden können und dieser aus Mangel an Betriebsamkeit, an Mitteln, Bildung und Unternehmungsgeist oder wegen Ungunst der örtlichen und der Zeitverhältnisse seine Erwerbsquellen zu Gebote stehen, deren Ertrag die Herbeischaffung des Mangelnden aus der Ferne gestattet."

Bestand zu dieser Zeit noch für viele Millionen eine bessere Zukunft in der Auswanderung nach Übersee bis ins 20. Jahrhundert, so sind heutzutage im Zeitalter der Globalisierung die Motive in den Industriestaaten Europas eher Weltläufigkeit, mehr Bewegungsfreiheit und andere Verdienstmöglichkeiten. Auch Abwanderung in ein wärmeres Klima geschieht immer häufiger.

Ein Novum, Europa nunmehr als Ziel der hoffnungslos übervölkerten Dritten Welt als Auswanderungsziel zu wählen, führt zum entgegengesetzten Effekt. Die wirtschaftlichen Folgen kann dieser kleine, bereits übervölkerte Kontinent nicht verkraften.

Eine Gruppe unserer Spezies dagegen war von den Folgen der Übervölkerung niemals betroffen, die Hirten- und Jägervölker. Die Spannungen zwischen Sesshaften und Nomaden zeigten die urwüchsige Gewalt der Nomadenstämme, wenn diese die von Sesshaften zivilisierten bewohnten Territorien überfielen, ausraubten und zerstörten – von den Hunnen bis zu den Wikingern. Auch diese in echter Freiheit lebenden Völker mussten sich zurückziehen, die stets größer werdenden Imperien beanspruchten auch deren Jagd- und Weidegebiete.

Die Folgen der Kultivierung

Die nie nachlassenden Herausforderungen bei zunehmender Bevölkerung für die Notwendigkeiten des täglichen Lebens führten zu Erfindungen und Entwicklungen, zu denen kein anderes Lebewesen gezwungen war oder nur ein Bedürfnis zeigte, eben nur der Homo sapiens!

Der hat auch bis heute auf dem Planeten Erde Entsprechendes angerichtet.

Die Abholzung der Wälder in den Ländern rings um das Mittelmeer für den Schiffsbau und die Beheizung der römischen Thermen, Verhüttungen, Überweidung durch Schafe und andere „Kultivierungen" förderten Witterungsbedingungen und eine Klimaveränderung, untypisch für diese vorher großflächig bewaldeten Breitengrade.

Dieser Raubbau hat nicht nur niemals aufgehört, sondern mit zunehmender Industrialisierung weltweit zugenommen. Die Bevölkerungsexplosion des letzten halben Jahrhunderts mit den steigenden Bedürfnissen des Lebensstandards ist im Zusammenhang mit fortschreitender Technisierung die Ursache, dass wir an absolute Grenzen der weiteren „Plünderung des Planeten" gelangt sind, siehe Club of Rom 1992: „Die Grenzen des Wachstums".

Diese Erkenntnis teilen zwar schon viele, insbesondere verantwortungsbewusste Wissenschaftler, nur die Umsetzung in Form von Gesetzen, z. B. durch die UNO, um das Abholzen von Wäldern weltweit zu verbieten und bei Zuwiderhandlungen unter Strafe zu stellen, findet nicht statt. Es ist nicht zu begreifen angesichts der zahlreichen Weltorganisationen, welche sich für den Schutz aller möglichen Arten einsetzen, wie für bestimmte Käfer in gefährdeten Biotopen – mit Sicherheit auch wichtig –, aber die Waldbestände auf unserem Planeten, die ja Kohlendioxid binden, werden nach Abholzung nicht wieder aufgeforstet. Im Gegenteil, z. B. in Andalusien, bekanntlich die Provinz Spaniens mit zunehmender

Wasserknappheit, werden weiter Kiefernwälder für das Anlegen von Erdbeerplantagen abgeholzt. Das hat nichts mehr mit Kultivierung zu tun, das ist schlicht Business durch Raubbau, nur um Nordeuropäer im Winter mit teuren Erdbeeren zu versorgen? Überflüssig.

Die Zunahme der Bodenerosion, der Wassermangel allein in Australien, ebenfalls als Folge von Abholzungen, hat zu einer Reduzierung von Anbauflächen um 50 % geführt. Neben dem zunehmenden Wassermangel, unter dem schon ein Drittel der Weltbevölkerung zu leiden hat, breiten sich entsprechend Wüsten weltweit weiter aus. Die Meere werden zunehmend überfischt und in vielen Küstenbereichen durch Abwässer vergiftet. Die Verluste der Artenvielfalt sind schon irreversibel und ebenso die ausgebeuteten Ressourcen unseres Planeten.

Trotz Kenntnis sowohl dieser Fakten als auch entsprechender Warnungen wird nicht begriffen, worum es geht.

Es geht um die Sicherung der Bewohnbarkeit des Planeten für die Gattung Mensch.

Um das anhand von Zahlen und Größenordnungen zu verdeutlichen, folgende Vergleiche und Gegenüberstellungen:

Die Gesamtoberfläche des Planeten Erde: . . . . **510 Millionen qkm**

Davon: Wasseroberfläche . . . . 360 Millionen qkm

Landoberfläche . . . . .150 Millionen qkm

Davon: Wüsten . . . . ca. 16 Millionen qkm

Erosionen, gefährdete Flächen . . . . .ca. 6 Millionen qkm

Hochgebirge, Urwälder, Permafrostgebiete . . . . . . .ca. 15 Millionen qkm

Antarktis . . . . .ca. 13 Millionen qkm

Gesamt nicht bewohnbarer Landfläche: . . . . **ca. 50 Millionen qkm**

Gesamtoberfläche des Planeten . . . . **510 Millionen qkm**

Abzüglich der Wasserflächen . . . . .ca. 360 Millionen qkm

Abzüglich der Wüsten, Erosionsflächen. etc. . . . . . .ca. 50 Millionen qkm

Gesamtabzug nicht bewohnbarer Flächen . . . . . .**ca. 410 Millionen qkm**

Das heißt Gesamtoberfläche: . . . . **510 Millionen qkm**
Abzüglich nicht bewohnbarer Flächen . . . . .410 Millionen qkm
Verbleibende bewohnbare Flächen . . . . **ca. 100 Millionen qkm**

Erdbewohner . . . . .z.Zt. 6,7 Milliarden Menschen

Den 100 Millionen qkm bewohn- und nutzbarer Flächen für die
Gattung Mensch stehen 6,7 Milliarden heute lebender Menschen
gegenüber, das heißt 67 Menschen pro qkm.

Diesen einen qkm müssen sich die Menschen noch mit den antei-
ligen Flächen für Flüsse, Seen, Sümpfe, Dauerwälder, bebaute Flächen, Straßen, landwirtschaftlich genutzte Flächen, Eisenbahnen,
Autobahnen, Schrotthalden und Friedhöfe etc. teilen. Der tatsächliche verbleibende Lebensraum verringert sich dementsprechend.
Auch aus diesen Gründen, neben wirtschaftlichen Ursachen, setzt
sich der permanente Drang in die ohnehin übervölkerten Zonen
des Planeten fort, auch in überdimensionierten Wohn- und Büro-
türmen.

Den Massen in den heutigen Megastädten wie z. B. Sao Paulo
oder Mumbai mit über 20 Millionen Einwohnern bleibt nichts anderes übrig, als in der jetzigen Weise weiter zu vegetieren. Auch der
Weg zurück aufs Land ist versperrt. Die Existenz in den Dörfern
der Dritten Welt ist durch Ackerbau und Viehzucht allein nicht
mehr möglich.

Jede weitere Million Zuwachs an Menschen kann das jetzige
Elend nur noch steigern. Nur um dieses Problem in den Griff zu
bekommen, ist schon der Begriff Globalisierung angebracht.

Es kann nicht ausbleiben, ist also nur eine Frage des Zeitpunkts,
wann die Verarmung und der Hunger einen Grad erreicht haben werden, um umzukippen und die Wohlstandsregionen zu
überfluten.

Ohne auf die zunehmende Verarmung im Einzelnen einzu-
gehen, nur ein Beispiel dafür: Indien. Dieses Land hat einen

hochentwickelten Standard auf allen elektronischen Gebieten entwickelt. Das ändert jedoch nichts daran, dass über 50 % der Bevölkerung sogar unter der Armutsgrenze leben. Trotzdem gehen die Wachstumsprognosen von jetzt über einer Milliarde Einwohnern auf über 1,5 Milliarden bis 2050 aus, zurzeit leben in Indien 338 Menschen pro qkm.

Diese Entwicklung zur Übervölkerung gilt entsprechend für viele Länder Südostasiens und im Wesentlichen für Afrika, also den Entwicklungsländern. Dass der Geburtenüberschuss aber nur in der Armuts- und Elendsregion nicht aufzuhalten ist, also permanent zunimmt, ist erstens der Beweis dafür, dass die Triebbefriedigung das einzige und letzte Vergnügen der im Elend Lebenden ist, und zweitens die Notwendigkeit, diesen Massen Verhütungsmittel kostenlos zur Verfügung zu stellen.

Alle ehrenwerten Versuche, die weltweite Nahrungsmittelproduktion durch Genmanipulation zu steigern, um mindestens die Massen vor dem Verhungern zu bewahren, mögen kurzfristig noch Wirkung zeigen, aber irgendwann ist die fruchtbringende Schale des Planeten dermaßen überbelastet bis zum Grad der Erschöpfung. Schon die Einführung künstlicher Düngemittel bewies die Erschöpfung landwirtschaftlicher Flächen. Dabei sind die anderen nicht minder wesentlichen Lebensnotwendigkeiten, wie Kleidung, Behausung, zeitgemäße Fortbewegung, noch nicht berücksichtigt.

Ebenso unberücksichtigt sind für die Verteilung von Lebensmitteln jeglicher Art die mangelhaften oder kaum vorhandenen Wege, Straßen, Eisenbahnen, entsprechend stets zur Verfügung stehende Transportmittel etc., also eine Infrastruktur, die Hilfsgüter schnell in die akuten Notgebiete transportieren kann. Allein mit finanzieller Unterstützung, deren zweckgerechte Anwendung nicht kontrolliert wird, oder kontrolliert werden kann, ist den Hunger- und Notleidenden nicht geholfen. Im Gegenteil, hier wird der Anschein gelungener Hilfe erweckt. Den jeweiligen Regierungen der Dritten

Welt ist es überlassen, nach ihrem Belieben mit diesen Hilfsmitteln und Geldern zu verfahren. Zudem verhindern Agrarsubventionen der EU die Intensivierung der Landwirtschaft in Afrika.

Die Übervölkerung zwang schon vielfach weltweit zu Ansiedelungen, auch in Deutschland, auf bisher als unbewohnbar geltenden Gebieten. Zunächst auf hochwasserbelasteten Flusswiesen, deren Überschwemmungen nur in großen Zeitabständen auftreten. Wenn das letzte Hochwasser vor einem Menschenleben verzeichnet wurde, stellte sich die Auffassung ein, mit Hochwasser sei nicht mehr zu rechnen. Also wurde auf den Wiesen gesiedelt. Das nächste Hochwasser kam dann unerwartet doch. Verlust des Vermögens, unter Umständen auch des Lebens. In anderen Regionen verhielt man sich entsprechend. Flussdelten, durch Sturmfluten gefährdete Küstenstreifen, durch Seebeben gefährdete Inseln etc. Diese dann zu erwartenden Menschenverluste werden heute dem Klimawandel angelastet. Völlig irreführend, zumal jede größere oder kleinere Naturkatastrophe sofort sekundenschnell den Globus umkreist und per TV in jedem Wohnzimmer landet. Es entsteht der falsche Eindruck, dieser Tsunami sei der erste in der Weltgeschichte. Es wird völlig vergessen, dass der vorletzte Tsunami noch keine vollbelegten Touristenstrände und die damit verbundene Infrastruktur überschwemmte. Es ertranken zuletzt nicht nur sonnenanbetende Touristen, sondern auch sehr viele Inselbewohner, die von sich aus, also ohne Tourismus, nie auf die Idee gekommen wären, sich dort anzusiedeln.

Für New Orleans gilt das Gleiche, zu dicht am Golf von Mexiko, schlechte und unzureichend gebaute Deiche. Kein Indianer wäre jemals auf die Idee gekommen, dort seinen Wigwam aufzubauen.

Diese und ähnliche Zustände gelten für viele gefährdete Gebiete auf dem Planeten. Eine zusätzliche notwendige Reduzierung der als bewohnbar anzusehenden Flächen, wenn es um den Schutz von Menschenleben geht. Naturkatastrophen – wie Erdbeben und Seebeben – müssen die Menschen, die dort leben, wo sich

Kontinentalplatten verschieben, eben hinnehmen. Noch kommt kein Klimawissenschaftler darauf, diese Katastrophen mit Co2 in Verbindung zu bringen.

Raubbau an den planetarischen Ressourcen

Von den Maschinen, welche den überwiegenden weltweiten Bedarf an Rohöl verbrauchen, zählt das von Menschen erfundene, sehr schnelle Fortbewegungsmittel – das Automobil –, sowie Heizöl und Industrieprodukte. Zu dieser Betrachtung gehören ebenfalls, weil fruchtbaren Humus zerstörend, die tausende von Quadratkilometern für dieses Fahrgerät benötigten Autobahnen mit „versiegelten" Parkplätzen für LKW und PKW. Dieses geschieht ebenso in den großen und größeren Städten, um die „autogerechte" Stadt zu verwirklichen. Insbesondere in den 60er und 70er Jahren wurden diese Stadtautobahnen rigoros in und um die Städte implantiert und zerstörten teilweise historische Stadtzusammenhänge, die geradezu zersägt wurden. Jeder wird heute die Notwendigkeit dieser Verkehrsschneisen betonen, nur wurde niemals bedacht: Mehr Verkehrsangebot produziert mehr Individualverkehr.

1. Die bedenkenlose Vernichtung der Ressourcen begann schon in der Frühzeit menschlicher Kulturen. Wälder wurden abgeholzt, die Hölzer für menschliche Existenzformen, unterschiedlichster Art, überwiegend für Brennholz genutzt. Der Raubbau an diesen Ressourcen ist der am einfachsten auszuführende, andererseits die bedrohlichste Zerstörung der Lebensräume auf dieser Erde.

Dazu einige erschreckende Zahlen. Allein die ohne Unterbrechung abgeholzten Tropenwälder dienen dem Brennholzbedarf, landwirtschaftlichen Nutzungen, Weideflächen oder Bauholz.

Auf der Insel Bali, Indonesien – hier fand im Dezember 2007 der letzte Klimagipfel statt –, wurden in den letzten 25 Jahren vier Millionen ha Waldflächen vernichtet, mehr als 60 % des gesamten dortigen Waldbestandes. Erhebliche Mengen dieser Hölzer verbraucht allein die Papierindustrie. Die Folgen dieses Raubbaus sind u. a. nicht nur Erosion und Ausdehnung der vorhandenen Wüsten, sondern, insbesondere im brasilianischen Amazonasgebiet,

irreversible Beeinträchtigungen der Umwelt und des lokalen Klein-
klimas. Welche Auswirkungen die an Stelle der Waldflächen an-
gelegten Monokulturen, mit Kunstdüngern angereichert, für die
in diesen Bereichen lebenden Menschen haben, bedarf noch einer
weiteren, besonderen Untersuchung.

2. Um die für eine hochtechnisierte Gesellschaft erforderliche Res-
source Erdöl zu fördern, muss man mit komplizierter Technik in die
Tiefe gehen, um fündig zu werden. Wann dieser Kraftstoff erschöpft
sein wird, ist noch nicht zu erkennen. Selbst wenn für lange Zeiten
noch ausreichend vorhanden, kann es politische Ursachen haben,
uns diesen Hahn zuzudrehen. Ob allein unter diesen Aspekten unser
Geschwindigkeitswahn noch zu rechtfertigen ist, sollte einige Überlegungen wert sein. Wenn allein in der Bundesrepublik täglich mehr
als 46 Millionen PKWs, ohne LKWs, Benzin oder Dieselkraftstoffe
verbrauchen und in die Luft pusten, ist das schon erschreckend. Angenommen jeder dieser PKWs verbraucht täglich ½ Liter Benzin/
Diesel, wären das ca. 8,4 Milliarden Liter Jahresverbrauch. Rechnet
man den Verbrauch weltweit dazu, kommen Zahlen zu Stande, die
beängstigend auf die noch vorhandenen Kraftstoffreserven blicken
lassen. Für sämtliche weiteren Ressourcen, die permanent abgebaut
werden, sind diese Befürchtungen ebenso angebracht. Man muss
diese Mengen im Bewusstsein speichern, um zu begreifen, wie eine
weiterhin rasant zunehmende Weltbevölkerung diesen Verbrauch
noch in die Höhe schießen lässt, zumal nach wie vor für viele der
Besitz eines Autos prestigefördernd ist. Dazu muss der gesamte Verbrauch der Industrie-, Heizöl-, PVC-Produktion etc. gerechnet werden.

3. Da schon jetzt, z. B. in der Arktis, wegen vermuteter Energiequellen Streit zwischen den an das nördliche Eismeer grenzenden
Staaten beginnt und der Lebensstandard der westlichen Welt das
zu erstrebende Ziel der Dritten Welt für die nächste Zukunft ist,

gehört nicht viel Phantasie dazu, sich zu erwartende Konflikte vorzustellen.

Die Masse in den Armutsregionen wollen diesen Lebensstandard berechtigterweise ebenfalls erreichen. Das bedeutet wieder zusätzlichen Ressourcenabbau. Ein einfacher Taschenrechner beweist den daraus zu erwartenden Kollaps.

Die zusätzlichen Nebenprodukte der rasant zunehmenden Mobilität, Autobahnen, Parkplätze, Flughäfen etc., belasten ein geographisches Gebiet, das ohnehin von Landstraßen und Eisenbahngleisen durchzogen ist. Die zunehmenden Begleiterscheinungen dieser Entwicklung sind dazukommende Überlastungen der Verkehrswege mit kilometerlangen Staus, also Stillstand auf den Autobahnen. Der Sinn des Automobils, auf kürzestem und schnellstem Wege von A nach B zu gelangen, ist Vergangenheit. Dieses Fahrzeug ist auf langen Strecken zu einem Stehzeug mutiert. Diese Erkenntnis führt aber nicht zu der Konsequenz, weniger das Automobil zu benutzen, sondern dazu, dass 3- bis 4-spurige Autobahnen zu 5- bis 6-spurigen verbreitert werden.

Diese Tendenz lässt sich auf sämtliche technischen, fortschrittlichen Geräte übertragen. Auch Flugzeuge werden größer, mit erhöhter Fluggeschwindigkeit und Zunahme der Luftschadstoffe.

Abgesehen davon, ob der anthropogene Anteil für den Klimawandel – wenn er dann überhaupt stattfindet, richtiger wäre wohl von Klimaschwankungen zu reden – von entscheidendem Einfluss ist, sind die unmittelbaren atmosphärischen Belastungen in den zunehmenden Ballungsräumen, also Smog, mit gefährlichen Giftstoffen angereichert, für die dort lebenden und arbeitenden Bewohner schon jetzt eine Gefahr und wesentlich ernster zu nehmen als der Anstieg der Meeresspiegel um 20 cm. Hier liegen die gegenwärtigen aktuellen Probleme, die schnelle, nachhaltige Lösungen erfordern.

4. Dieser Abriss gegenwärtiger Umweltproblematik beweist doch, dass Begriffe wie „Wirtschaftswachstum", erhöhter Lebensstandard

und dergleichen Zukunftsversprechen – die der Menschheit vorgegaukelt werden – das genaue Gegenteil dessen sind, was für eine sinnvolle Zukunftsentwicklung erforderlich wäre.

Wenn keine regionalen und klimatischen Unterschiede das Zukunftsbild bestimmen und allen 6,7 Milliarden Zweibeinern der gleiche Lebensstandard, gemessen an der „westlichen" Welt, in Aussicht gestellt wird, würde das gesamte Energie- und Versorgungssystem global zusammenbrechen. Es stellte sich der Zustand der Unregierbarkeit ein, der Kampf aller gegen alle, eine Lebensform, die in einigen Regionen schon eingetreten ist. Die vorgenannten Fortbewegungsmittel, sämtlichst auf den Rohstoff Erdöl angewiesen, können sich mit erneuerbaren Energien eben nicht in Bewegung setzen.

Auch die Schienenfahrzeuge, mit zunehmender Geschwindigkeit, z. B. ICE mit 300 km/Std., beziehen ihre Energie über Stromschienen, deren elektrischer Strom in Kraftwerken produziert wird. Diese Kraftwerke produzieren Strom mit nicht erneuerbaren Energien, (Koks, Öl, Atomkraft), denn über Solaranlagen oder Windkrafträder oder Biokraftstoff ist diese Menge an notwendiger Energie nicht zu erreichen. Sämtliche Versuche, durch Ersatz auf nicht erneuerbare Rohstoffe zwecks Energieerzeugung verzichten zu können, sind Augenwischerei, die obendrein viel Geld kosten.

Insbesondere der hohe und zunehmende Energieverbrauch durch Automobile und Eisenbahnen und Flugzeuge beweist, nur wenn die anhaltende Zunahme der Weltbevölkerung aufgehalten und nach einer Übergangszeit wieder langsam, aber stetig auf eine planetarische vertretbare Zahl begrenzt werden kann, werden die Voraussetzungen erreicht, um die Energieprobleme, und nicht nur diese, zu bewältigen.

Für die Gegenwart stellt sich somit die Frage nach dem Verzichtbaren oder des Überflüssigen. Diese schwierige Frage kann nicht durch staatliche Ge- und Verbote gelöst werden. Hier muss die individuelle Einsicht, als Folge rückhaltloser Aufklärung, über die tatsächliche Lage zu entsprechenden Verhaltensweisen führen.

Um mit gutem Beispiel voranzugehen, um zu einem allgemeinen Konsens zu kommen, sollte der Staat z. B. in seinem Ausgabenbereich überprüfen, wie der Energieverbrauch reduziert werden kann, z. B. ob jeder Scheck als Entwicklungshilfe unbedingt persönlich per Flugzeug überreicht werden muss. Vielleicht lassen sich noch ähnliche Ausgaben reduzieren, die durch zeitgemäße rationelle Methoden energiesparend ersetzt werden könnten.

Wenn staatliche Ausgaben reduziert und veröffentlicht würden, bedürfte es keiner überflüssigen Appelle an die „Öffentlichkeit". Dann fühlte sich der Bürger als Citoyen angesprochen, als Mitverantwortlicher für das Gemeinwesen, das zwar unsere Freiheit gewährleistet, aber auch in kritischen Zeiten weiß, dass Freiheit nicht bedeutet, dass jeder das machen kann, was er will, weil Freiheit auch Verantwortung bedeutet.

Der andauernde Zustand der Erpressbarkeit, die Ohnmacht gegenüber dem Preisdiktat und die daraus resultierende Zukunftsunsicherheit sind doch zwingende Gegebenheiten, sich des wirklich Überflüssigen bewusst zu werden. Verzicht auf dem Energiesektor muss nicht Einschränkungen der Lebensqualität bedeuten, es kann durchaus das Gegenteil eintreten.

Es ist ja in Vergessenheit geraten, in welch hohem Maße Lebensqualität durch Übertechnisierung auf der Verlustseite unseres Lebensstandards zu verbuchen ist.

Spielende Kinder auf Stadtstraßen gehören für immer der Vergangenheit an. Ebenso sind der Einbau schallisolierender Fensterscheiben gegen den Autolärm auf den Straßen nicht als Steigerung der Lebensqualität anzusehen. Hier ist im Bereich Verkehrsplanung vieles versäumt worden, um die „autogerechte Stadt" zu realisieren, statt nach dem Zweiten Weltkrieg die menschengerechte Stadt anzustreben. Stattdessen donnern gigantische LKWs durch die Straßen und Städte Europas. Dieses Transportmittel ist längst zu fahrenden Warenlagern umfunktioniert worden, die auf Abruf zwecks Belieferung ihren augenblicklichen Kurs umdirigieren.

Zwischenbemerkung

Es kann nicht Aufgabe dieses Essays sein, herauszufinden, welcher Bedarf in unserer westlichen Zivilisation verzichtbar ist und welcher nicht. Auch hier wieder ein Appell an die Vernunft und das Aufzeigen von Grenzen, deren Überschreiten zu einem Energiekollaps führen wird.

In diesem Zusammenhang sollte sich die Erinnerung einschalten, an das öffentliche und private Leben in den europäischen Großstädten der 20er und 30er Jahre, deren Vielfalt, Lebendigkeit und Kontaktfreude wesentlich ausgeprägter waren als heute, bei einem Bruchteil an Energiebedarf.

Die Ursachen sind Fehlentwicklungen, die zunächst erkannt und verdeutlicht und in eine andere Richtung gelenkt werden müssen. Dieses wäre die dringendste Aufgabe, sowohl der Regierungen als auch der Medien.

Da diese Gattung mit dem aufrechten Gang gezwungen war und ist, die biologische Schale des Planeten auszukratzen und auszusaugen, um den bisher entwickelten und erreichten Lebensstandard überhaupt aufrechterhalten zu können, ist es zwingend, sich des tatsächlich Überflüssigen bewusst zu werden, um ein annäherndes Gleichgewicht zwischen noch verfügbaren Ressourcen und notwendigem Bedarf zu erreichen.

Jedes Mehr an technischen Geräten bedeutet auch, eines Tages landet jedes Gerät auf dem Müll. Autos, TV-Geräte, Computer, Laptops, Kühltruhen und -schränke, alte Radios, Handys etc., Wohnungseinrichtungen werden auf Neudeutsch entsorgt, also irgendwo gelagert oder verschrottet. Noch platzraubender, weil immobil, sind nicht mehr benötigte, also bestehende Gebäude unterschiedlichster Art. Fabriken, Bürogebäude, ausgediente Hafen- und Eisenbahnanlagen; Fehlplanungen, am Bedarf vorbei errichtet, ungenutzt.

Ob Geräte oder Immobilien, Verschrottung oder Abrisse, alles kostet Geld. Dieses wird erst aufgebracht, wenn sich diese Flächen für Neubauvorhaben eignen. Häufig ist das aber nicht der Fall. Es fehlen Anschlüsse an Verkehrsadern, oder Ver- und Entsorgungsleitungen sind nicht vorhanden.

Resultat: Schrott und ausgediente Immobilien bleiben auf unabsehbare Zeit sichtbar und gammeln vor sich hin.

Eine weitere Begleiterscheinung der Übervölkerung und gesellschaftlicher Fehlentwicklungen sind Menschen, die aufgrund von Gesetzesverstößen hinter Gittern leben müssen. Ein Zustand, der erst seit der Sesshaftigkeit unserer Gattung zum menschlichen Dasein gehört.

In der gesamten Tierwelt kommen solche Zustände nicht vor.

Fazit

Zusammenfassend, noch einmal auf die Ursachen der Bevölkerungsexplosion verweisend: biologische Mängel sowie extremes Triebverhalten im Gegensatz zur gesamten Tierwelt kennzeichnet den Homo sapiens. Diese Gattung mit dem aufrechten Gang musste permanent durch Plünderung der biologischen Schale des Planeten mittels immer raffinierterer Werkzeuge diese Mängel kompensieren.

Die Übervölkerung ist durchaus kein heutiges Problem, denn schon früher waren bestimmte, machthabende Kräfte aus unterschiedlichsten Gründen am Bevölkerungsüberschuss durchaus interessiert.

Noch fehlt das weltweite Bewusstsein für die Einmaligkeit unseres Planeten im Sonnensystem, seiner paradiesischen Natur und der Gefahr, diese systematisch und irreversibel zu zerstören.

Die planetarische Übervölkerung ist selbstredend nicht die einzige Ursache für gegenwärtige und zukünftige Spannungen, Verwerfungen und Konflikte. Eine unkontrollierte, expandierende Weltbevölkerung wird die Unübersichtlichkeit sämtlicher Zusammenhänge noch verstärken, und die Schere zwischen zunehmender Population und abnehmenden Ressourcen wird sich noch weiter öffnen. Ebenso, hier wird die Spannung evident, ist das Verhältnis von Übervölkerung zu noch vorhandenen Möglichkeiten per Arbeit die eigene Existenz und die der Familien zu sichern, das Zukunftsproblem schlechthin für den arbeitsfähigen Teil der jetzt lebenden 6,7 Milliarden besteht diese nur noch zu einem geringen Teil. Die Übrigen müssen von den Steuern der noch Arbeitenden per Umverteilung am Leben erhalten werden.

Das Zustandekommen einer globalen Zivilgesellschaft lässt sich ohne Geburtenkontrolle mit dem Ziel einer schrittweisen Reduzierung der Erdbevölkerung nicht verwirklichen. Der Bibelspruch im Alten Testament,1. Mose 28: „Sei fruchtbar und mehre dich, dass du werdest ein Haufe von Völkern", vor mehr als zwei Jahrtausenden durchaus verständlich, ist längst übererfüllt und hat inzwischen zu einer globalen Belastung geführt, die ohne den Rückgang der Weltbevölkerung nicht mehr bewältigt werden kann.

Der einzige Staat, der die Lage richtig einschätzte und Konsequenzen daraus zog, ist China. Das bevölkerungsreichste Land der Welt. Der frühere Außenminister Tschou-Enlai erklärte 1979: Ein Kind ist ideal, zwei Kinder sind genug, drei Kinder sind zu viel. Diese Auffassung wurde auch durchgesetzt. Da sich das kommunistische China zu marktwirtschaftlichen Reformen durchgerungen hatte, entwickelte es sich zu einem hochtechnisierten Land mit allen sozioökonomischen Begleiterscheinungen einer modernen Industriegesellschaft und einer völlig anders gearteten Bevölkerungsstruktur.

Die Frage, welche Mutter wohl menschenwürdiger lebt, ist leicht zu beantworten, die eine mit zwei Kindern, die unter einigermaßen normalen Verhältnissen keine Not leidet, oder die andere mit 6 Kindern und mehr, die – von Ausnahmen abgesehen – in Armut und steter Sorge um ihre und ihrer Kinder Zukunft lebt.

Im Verhältnis zu der Bevölkerungsexplosion im letzten halben Jahrhundert, d. h. eine Verdreifachung der Weltpopulation mit steigender Tendenz, entwickelten sich entsprechende Supermordwaffen, auch quantitativ, dergestalt, dass bei nur teilweiser Anwendung zwecks Vernichtung des jeweiligen „Gegners" die planetarische belebte Natur ausgelöscht werden könnte. Diese immerhin realistische Möglichkeit würde schon eintreten, wenn fanatisierte Fundamentalisten „Atomknüppel" in die Hände bekämen.

Der permanenten Zunahme der Weltbevölkerung – nachweislich nicht in den industrialisierten Regionen – und der entsprechenden Massenarmut, stehen nachwachsende Generationen gegenüber, denen Gewaltausbrüche als logische Antwort erscheinen auf das Leben in den Wohlstandsregionen, aufgrund täglicher elektronischer Anschauungsvorbilder der Medien. Ein Demokratieverständnis, geschweige eine funktionierende Demokratie, ist von diesem Nachwuchs nicht zu erwarten.

Damit ist auch gesagt, ergänzend zu allen Entdeckungen und Erfindungen ist die Erfindung des Empfängnisverhütungsmittels, kurz die Antibabypille genannt, die menschlichste, die wichtigste, die genialste Erfindung des 20. Jahrhunderts. Es hatte sich herausgestellt, die Natur bringt keine Mittel hervor, um die Bevölkerungsexplosion einzugrenzen.

Was aber den Vatikan trotzdem nicht daran hindert, empfängnisverhütende Mittel zu verbieten.

Die immerhin noch lösbaren dargestellten Gefahren des Raubbaus und der Verschwendung an den abnehmenden Ressourcen sollten sich in den Köpfen sämtlicher führender Staatenlenker und Volksvertreter so festsetzen, dass keine notwendige Maßnahme nur den geringsten Aufschub gestattet.

Auf diesen Gebieten liegen die akuten, dringenden Aufgaben, nicht die kostenintensiven Maßnahmen zum Klimaschutz. Ein maßlos übertriebenes Einschätzen der anthropogenen Fähigkeiten zur Beeinflussung des Klimas. Diese Fähigkeiten kann seit Urzeiten nur die Sonne entwickeln oder kosmische Katastrophen, vulkanische Eruptionen oder Plattentektonik. Man sollte doch die Maßstäbe richtig einschätzen, um zu sehen, in welchem Verhältnis die Murmel Erde zu der Dimension und der Kraft der Sonne steht.

Für die erste industrielle Revolution waren die benötigten planetarischen Ressourcen noch ausreichend vorhanden. An die mögliche Erschöpfung dachte niemand. Die Weltbevölkerung betrug um 1800 erst ca. eine Milliarde. Selbst 100 Jahre später, mit ca. 1,2 Milliarden, änderte sich daran nichts. Die rasante technische Entwicklung Ende des 19. Jahrhunderts und noch stärker im 20. Jahrhundert führte Ende des 20. Jahrhunderts zu ersten Warnungen anlässlich der Ölkrise Anfang der siebziger Jahre. Inzwischen beginnt schon die Suche nach noch nicht entdeckten Energiequellen.

Diese kurze Betrachtung der Menschheitsentwicklung führt am Anfang des 21. Jahrhunderts zu der Erkenntnis – angesichts andauernder gewalttätiger Auseinandersetzungen –, eine globale, wirkungsmächtige Aufklärung, mit dem Ziel einer auf Vernunft gegründeten Zivilgesellschaft, ist für die nächste Zukunft nicht zu erwarten.

Solange die „modernen" Industriegesellschaften es nicht vermocht haben, weltweit eine aufgeklärte Bürgergesellschaft als die zukünftige Lebensform für das Zusammenleben der Menschen zu postulieren, stattdessen nach wie vor politische und religiöse Gewalt die täglichen Nachrichten bestimmen und ganz offensichtlich als völlig normal empfunden werden, leben große Teile der menschlichen Gesellschaft noch im Mittelalter. Verbessert haben sich seitdem lediglich die Waffen und die Waffengeschäfte sowie die elektronischen Kommunikationsmittel und die organisierte Kriminalität.

Das Aufstreben bisher technisch unterentwickelter Staaten zum Anfang des 21. Jahrhunderts führt zwangsläufig zu der Erkenntnis, dass ein Punkt erreicht ist, der ein „Weitermachen wie bisher" nicht mehr zulässt. Ein allgemeines „Halt" und Überdenken der notwendigen Korrekturen ist die einzige Chance für das Überleben des Homo sapiens. Es ist an der Zeit, die notwendigen Weichen rechtzeitig zu stellen.

Diese Gattung Mensch, in den unterschiedlichsten klimatischen Regionen lebend, im Laufe von Jahrhunderttausenden die jeweiligen Existenzformen und Eigenschaften, Lebensregeln, Zeitbegriffe und Normen als Richtschnur des endlichen Lebens erkennend, muss doch jetzt in der Lage sein, Grenzen der anthropogenen Möglichkeiten zu erfassen und Schlüsse daraus zu ziehen.

Der krasse Gegensatz zur Natur, zur Tierwelt, zeigt sich doch schon darin, dass dort so etwas wie Gerechtigkeit oder Moral nicht existiert, abgesehen von sämtlichen zwischenmenschlichen Vereinbarungen, Streitigkeiten bis hin zu Kriegen. Alles dieses kommt in der Natur nicht vor, genauso wenig wie Kunst und Wissenschaft. Aber kein Tier auf diesem Planeten bedarf der Gattung Mensch, um existieren zu können, abgesehen von versklavten Tieren. Umgekehrt ist der Mensch ohne Tiere nicht überlebensfähig.

Es stellen sich abschließend folgende entscheidende Fragen:

Wovon hat unsere Gattung zu wenig geleistet und erdacht und wovon bereits zu viel, besser viel zu viel.

Zu wenig in jedem Fall an Erziehung und Schulung zu einer zivilisierten und kultivierten Gesellschaft, welche sämtliche Ideologien und Dogmen, welcher Art auch immer, überflüssig machen würde, sowie die Notwendigkeit wissenschaftlich orientierten Denkens.

Das Zuviel ist dermaßen offensichtlich, da stets nur störend und zerstörend.

Wurden nicht inzwischen sämtliche Hilfsmittel erdacht und erfunden, um die biologischen Mängel dermaßen zu kompensieren, sodass gewalttätige Auseinandersetzungen um Lebensräume – Ursache Übervölkerung – oder erzwungene Übernahmen irgendwelcher Ideologien oder Religionen endgültig der Vergangenheit zuzuordnen sind?

Sollte hierdurch noch ein Funke Verstand alarmiert worden sein, müssten wir heute anfangen. Nicht wie Martin Luther: „Wenn morgen die Welt unterginge, würde ich heute mein Apfelbäumchen pflanzen", nein, im Gegenteil, wir sollten sinngemäß überall unsere Apfelbäumchen pflanzen, damit der Teil der von uns geschaffenen Welt nicht untergeht.

Anhang   Tabelle Weltbevölkerung mit Kurve

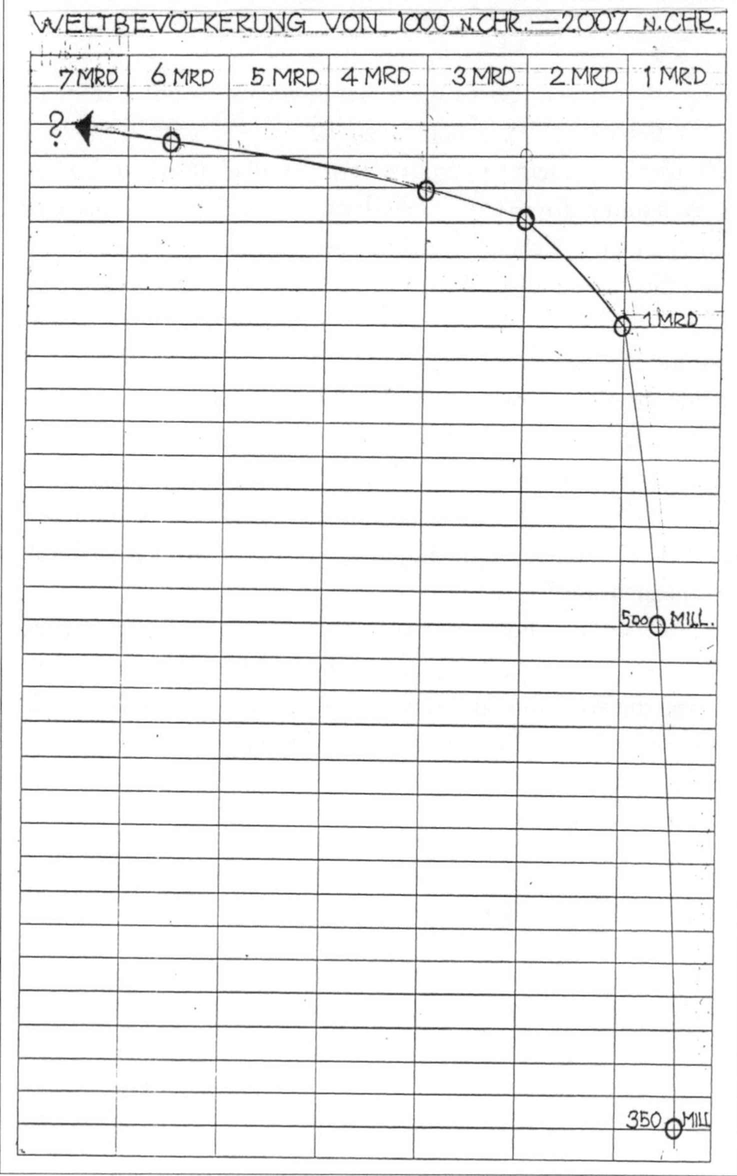

Tabelle mit Jahreszahlen

Zeiten	Kriege
2007	Krieg in Afganistan und Irak
2000	Kriege in Afrika
1969	Vietnamkrieg,Nato
1936/45	Span.Bürgerkrieg,2.Weltkrieg
1926/30	Russisch-polnischer Krieg
1914/18	1. Weltkrieg, Russ.Revolution
1850/90	Deutsche Einigungskriege
1800/40	Napolonische Kriege
1756/89	7-jähriger Krieg,Friedrich II
1700	Spanischer Erbfolgekrieg, Nord.Krieg
1680/90	Türkenkriege, Wien
1675	Gr. Kürfurst,Sieg über Schweden
1618/30	30-jähriger Krieg
1610/17	Schwedisch-Russischer Krieg
1600	Gegenreformation
1550	Bauern-und Hugenottenkriege
1517/22	Martin Luther, Reformation
1492	Spanien wird Großmacht
1453	Eroberung Konstantinopels
1430	Hussitenkriege
1400/30	Timur, Mongolisches Grossreich
1380/90	Schwäbischer Städtekrieg
1353	Kriege zwischen Serben und Türken
1340	100-jähr.Krieg England/Frankreich
1299	Gründun des osmanischen Reiches
1250/90	5., 6. und 7. Kreuzzug
1240	Mongolenschlacht bei Liegnitz
1200/30	4. Kreuzzug
1100/90	2. und 3. Kreuzzug
1090	Eroberung Jerusalems
1030	Polenkrieg
1000	Polenkrieg

Zeiten	Erfindungen, Entdeckungen, Bauten
2007	Globalisierung,Wirtschaftskrise,Religiöse Integrationsprobleme
2000	Moderne Medizin, Computer, elektronische Arbeitsmethoden
1969	Sputnik, Weltraumflug, Mondlandung
1936/45	TV, Uranspaltung, Raketen, Atombombe, Fernbomber
1926/30	Relativitätstheorie,Radio,Stumm-und Tonfilm,1.Transatlantikflug
1914/18	Zeppelin, Flugzeug, Tanks=Panzer, Giftgas
1850/90	Telegraphie,Telefon, Dynamo, Dynamit, elektr.Licht, Automobil,
1800/40	Dampfschiff, Lokomotive, Eisenbahn
1756/89	1.Eisenwalzwerk/ England, Franz. Revolution, Bill of Rights
1700	Magnetfeldkarten für die Schifffahrt, Porzellan
1680/90	1.Dampfmaschine, Edikt von Nantes und Potsdam,Hugenotten
1675	Gravitationsgesetz
1618/30	Rechenmaschine, Thermometer
1610/17	Neue Astronomie
1600	Fernrohr
1550	Gregorianischer Kalender
1517/22	Kathedrale von Sevilla,1.Weltumsegelung durch Magellan
1492	Entdeckung Amerikas, Kolumbus, Arkebuse
1453	Donatello, Bronz.Reiterstandbild Gattamelata
1430	Galilei erkennt die Erde als Kugel
1400/30	Buchdruck, Universität Leipzig
1380/90	Exil des Papstes in Avignon
1353	Gründung des ewigen Bundes, Schweiz
1340	Universität Heidelberg, Erfindung des Schießpulvers
1299	Reichstag zu Nürnberg
1250/90	Bau des Kölner Domes
1240	Entstehung der Hanse
1200/30	Magna Charta
1100/90	Gründung Münchens
1090	Kreuzugspredigt, Universität Bologna
1030	Dom zu Speyer
1000	Dom zu Worms

Quellen- und Literaturnachweise

J. G. Herder, 1744–1803
Mensch als biologisches Mangelwesen

Thomas R. Malthus, 1766–1834
„Übervölkerung". An essay on the principle of population

Arthur Schopenhauer, 1788–1860
Höchste Willensbejahung: Geschlechtsliebe

Arnold Gehlen, 1904–1976
Urmensch und Spätkultur

Pierre Bertaux, 1907–1986
Mutation der Menschheit, 1963

Konrad Lorenz, 1903 – 1989
Die acht Todsünden der zivilisierten Menschheit, 1973

Henno Martin, 1910–1998
Menschheit auf dem Prüfstand, 1992

Martin Neuffer, 1924–2004
Die Erde wächst nicht mit, 1982

Jared Diamond, 1938
Kollaps, 2006

Rodman, Peter S., Anthropologe
University of California, Davis

Klaus Hahlbrock
Kann unsere Erde die Menschen noch ernähren?, 2007

Münz, Rainer, Reiterer, Albrecht F., 2007
Wie schnell wächst die Zahl der Menschen?

Der Fischer Weltalmanach 2008
Zahlen – Daten – Fakten